Hilfsbüchlein

für den

römischen Zivilprozess

zum Gebrauch bei Vorlesung und Studium.

Auf der Grundlage der Vorlesungsbeilagen
von O. Fischer und R. Schott

herausgegeben von

E. F. Bruck, O. Fischer, F. Klingmüller,
R. Leonhard und R. Schott
in Breslau.

Berlin 1911.
J. Guttentag, Verlagsbuchhandlung,
G. m. b H.

Vorbemerkung.

Das Heftchen bezweckt lediglich das Material an die Hand zu geben und überläßt alle Erklärungen und die Kritik, insbesondere zur systematischen Stellung einzelner Formeln und zu den Rekonstruktionen, der mündlichen Erläuterung.

Inhaltsverzeichnis.

A. Gesetze.

1. **L. XII tabularum.** Tab. I. Si in ius vocat, ito. Ni it, antestamino: igitur em capito. — Si calvitur pedemve struit, manum endo iacito. — Si morbus aevitasve vitium escit, iumentum dato. Si nolet, arceram ne sternito. — Assiduo vindex assiduus esto; proletario iam civi quis volet vindex esto. Nex . . . forti sanati . . . — Rem ubi pacunt, orato. — Ni pacunt, in comitio aut in foro ante meridiem caussam coiciunto. Com peroranto ambo praesentes. Post meridiem praesenti litem addicito. Si ambo praesentes, solis occasus suprema tempestas esto.

Tab. II . . . Morbus sonticus . . aut status dies cum hoste . . quid horum fuit unum iudici arbitrove reove, eo dies diffissus esto. — Cui testimonium defuerit, is tertiis diebus ob portum obvagulatum ito.

Tab. III. Aeris confessi rebusque iure iudicatis XXX dies iusti sunto. — Post deinde manus iniectio esto. in ius ducito. — Ni iudicatum facit aut quis endo eo in iure vindicit, secum ducito, vincito aut nervo aut compedibus XV pondo, ne minore, aut si volet maiore vincito. — Si volet suo vivito. Ni suo vivit, qui eum vinctum habebit, libras farris endo dies dato. Si volet plus dato. — (Habebantur in vinculis dies LX, Gellius 20. 1. 45). — Tertiis nundinis partis secanto. si plus minusve secuerunt, se fraude esto.

2. **l. Plaetoria de iurisdictione** (circa 512a. u. c.?). Praetor urbanus, qui nunc est quique posthac fiat, duo lictores apud se habeto usque supremam ad solem occasum iusque inter cives dicito.

3. **l. Papiria de sacramentis** (511—630a. u. c.). Quicumque praetor posthac factus erit, qui inter cives ius dicet,

tres viros capitales populum rogato, hique tresviri [capitales] quicumque [posthac fa]cti erunt, sacramenta ex [igunto] iudicantoque, eodemque iure sunto, uti ex legibus plebeique scitis exigere iudicareque esseque oportet.

4. Lex Aebutia (550—628 a. u. c.?) et duae Juliae (737 a. u. c.?)

Gai. lib. IV.

30. Sed istae omnes legis actiones paulatim in odium venerunt, namque ex nimia subtilitate veterum qui tunc jura condiderunt eo res perducta est, ut vel qui minimum errasset litem perderet. Itaque per legem Aebutiam et duas Julias sublatae sunt istae legis actiones effectumque est, ut per concepta verba, id est per formulas litigemus.

31. Tantum ex duabus causis permissum est lege agere: damni infecti et si centumvirale judicium futurum est.

5. Lex Rubria de Gallia Cisalpina (705—712 a. u. c.).

Cap. 20. Qua de re quisque et a quo in Gallia Cisalpina damni infecti ex formula restipulari satisve accipere volet, et ab eo qui ibi iuri dicundo praeerit postulaverit, idque non calumniae causa se facere iuraverit: tum is, quo de ea re in ius aditum erit, eum, qui in ius eductus erit, de ea re ex formula repromittere et, si satis dari debebit, satis dare iubeto decernito. Qui eorum ita non repromisserit . . . . . tum magistratus . . . ita ius dicito iudicia dato iudicareque iubeto cogito, proinde atque si . . . repromissum satisve datum esset. De ea re quod ita iudicium datum iudicareve iussum iudicatumve erit, ius ratumque esto, dum in ea verba, si damni infecti repromissum non erit, iudicium det itaque iudicare iubeat:

> Iudex esto. Si, antequam id iudicium, qua de re agitur, factum est, Q. Licinius damni infecti eo nomine, q. d. r. a., eam stipulationem, quam is qui Romae inter peregrinos ius dicit in albo propositam habet, L. Seio repromisisset: tum quidquid eum

Q. Licinium ex ea stipulatione L. Seio dare facere oporteret ex fide bona dumtaxat HS-, eius iudex Q. Licinium L. Seio, si ex decreto IIviri IVviri praefective Mutinensis, quod eius IIvir IVvir praefectusve ex lege Rubria, sive id plebiscitum sit, decreverit, Q. Licinius eo nomine q. d. r. a. L. Seio damni infecti repromittere noluit, condemnato, si non paret absolvito,

aut si damni infecti satis datum non erit, in ea verba iudicium det . . . (folgt die gleiche Formel mit satisdare statt repromittere) . . .

dum IIvir IVvir iure dicundo praefectusve de ea re ius ita dicat curetve, uti ea nomina et muncipium colonia locus in eo iudicio, quod ex eis quae proxume scripta sunt accipientur includantur concipiantur, quae includi concipi sine dolo malo oporteret debebitve, ne quid ei qui de ea re aget petetve captioni ob eam rem aut eo nomine esse possit: neve ea nomina, quae in earum qua formula, quae supra scripta sunt, aut Mutinam in eo iudicio includi concipi curet, nisi ei, quos inter id iudicium accipietur lisve contestabitur, iis nominibus fuerint, quae in earum qua formula supra scripta sunt, et nisi si Mutinae ea res agetur: neve quis magistratus prove magistratu, neve quis pro quo imperio potestateve erit, intercedito neve quid aliud facito, quominus de ea re ita iudicium detur iudiceturque.

B. Legisactionen.

I. Legisactio sacramenti.

1. L. A. sacr. in rem.

a) bei mobilia, quae in ius adferri possunt.

Gaius IV, 16: . . . in iure vindicabantur ad hunc modum: qui vindicabat, festucam tenebat, deinde ipsam rem adprehendebat veluti hominem et ita dicebat:

„hunc ego hominem ex iure Quiritium meum esse aio secundum suam causam. Sicut dixi, ecce tibi, vindictam imposui“

et simul homini festucam imponebat. Adversarius eadem similiter dicebat et faciebat. Cum uterque vindicasset, praetor dicebat:

„mittite ambo hominem.“

Illi mittebant. Qui prior vindicaverat, ita alterum interrogabat:

„postulo anne dicas qua ex causa vindicaveris.“

Ille respondebat:

„ius feci, sicut vindictam imposui.“

Deinde qui prior vindicaverat, dicebat:

„quando tu iniuria vindicavisti, quingentos aeris sacramento te provoco.“

Adversarius quoque dicebat similiter:

„et ego te.“

Deinde eadem sequebantur quae cum in personam ageretur. Postea praetor secundum alterum eorum „vindicias dicebat“, id est interim aliquem possessorem constituebat, eumque iubebat praedes adversario dare „litis et vindiciarum“, id est rei et fructuum. Alios autem praedes ipse praetor ab utroque accipiebat sacramenti, quod id in publicum cedebat.

b) bei einem fundus (Cicero, pro Murena c. 12).

Actor:

„Fundus qui est in agro, qui Sabinus vocatur, eum ego ex iure Quiritium meum esse aio, inde ibi ego te ex iure manu consertum voco.“

Reus:

„Unde tu me ex iure manu consertum vocasti, inde ibi ego te revoco."

Praetor:

„Suis utrisque superstitibus praesentibus istam viam dico. Inite viam. — Redite viam."

Bringen der Scholle. Alsdann Fortsetzung wie oben:

„Hunc ego fundum ex iure Quiritium meum esse aio" et rel.

2. L. A. sacr. in personam. Unbekannt, vielleicht:
„Aio te mihi decem milia aeris dare oportere."
„Nego me tibi decem milia aeris dare oportere."
„Quando negas, te sacramento quingenario provoco."
„Quando ais, te sacramento quingenario provoco."

II. Legisactio per iudicis arbitrive postulationem.

Valerius Probus. „[Quod Numerio Negidio hominem Stichum locavi eius rei] iudicem arbitrumve postulo, uti des."

III. Legisactio per condictionem. — Unbekannt.

IV. Legisactio per manus iniectionem.

Gaius IV, 21.

„Quod tu mihi iudícatus (damnatus) es sestertium decem milia, quandoc non solvisti, ob eam rem ego tibi sestertium decem milium iudicati manum inicio."

Dazu Zwölftafeln, tab. III (vgl. A. 1.).

V. Legisactio per pignoris capionem. — Unbekannt.

C. Formularprozess.

I. Vollständige Formeln von actiones.

1. Actiones mit intentio in ius concepta.

a) In rem.

1. per **sponsionem.** Octavius iudex esto. Si homo (hereditas) q. d. a. ex iure Quiritium meus est (ius mihi est per fundum illum ire agere) sestertios viginti quinque nummos dare spondes?

2. per **formulam petitoriam. rei vindicatio.** O. J. E. S. p. rem q. d. a. ex i. Qu. A^i esse neque ea res arbitratu tuo A^o restituetur quanti ea res erit, tantam pecuniam iudex Numerium Negidium A^o condemna, s. n. p. a.

A^s confessoriae. 3. S. p. A^o ius esse eo fundo, q. d. a. uti frui neque ea res arbitrio tuo A^o restituetur, quanti et rel.

4. S. p. A^o ius esse per fundum illum ire agere (aedes suas altius tollere invito N^o; cogere N^m, ut A^i onera sustineat et parietem reficiat ad onera ea sustinenda; A^o ius esse in parietem illius aedificii tigna immitere; A^o ius esse stillicidium [flumen] in tectum illius aedificii [aream illam] immittere) quanti et rel.

A^s negatoriae. 5. S. p. N^o ius **non** esse eo fundo q. d. a. uti frui invito A^o neque ea res arbitrio tuo restituetur quanti et rel.

6. S. p. N^o ius **non** esse per fundum illum ire agere invito A^o (aedes suas altius tollere invito N^o et rel.) quanti et rel.

7. Hereditatis petitio. S. p. hereditatem q. d. a. (pro parte illa) e. i. Q. A^i esse, quod N^s ex ea hereditate pro herede aut pro possessore possidet neque id arbitrio tuo A^o (pro parte illa) restituetur, quanti et rel.

b) praeiudicia.

8. An Pamphilus libertus A^i (ingenuus, liber?) sit, iudex pronuntia.

c) in personam.

α) mit intentio certa.

9. **Condictio certae creditae pecuniae.** O. J. E. Si paret Numerium Negidium Aulo Agerio sestertium decem milia quibus de agitur dare oportere, iudex, N^{m} N^{m} A^{o} A^{o} H S X M condemna, si non paret, absolve.

10. **Condictio triticaria.** O. J. E. S. p. N^{m} N^{m} A^{o} A^{o} tritici Africi optimi modios centum dare oportere, quanti ea res est, tantam pecuniam N^{m} A^{o} condemna, s. n. p. a.

11. **Actio de eo quod certo loco.** O. J. E. S. p. N^{m} A^{o} decem **Ephesi** dare oportere, N^{m} A^{o} decem aut si quid alterutrius interfuit eam pecuniam Ephesi potius quam Romae solvi, tanto pluris minorisve c., s. n. p. a.

12. **Condictio certi argentarii.** S. p. N^{m} A^{o} argentario H S X M dare oportere amplius quam A^{s} N^{o} debet, i., N^{m} A^{o} H S X M c., s. n. p. a. (cf. Gai IV 64).

13. **Actio certi ex testamento.** S. p. N^{m} A^{o} H S X M ex testamento dare oportere c., s. n. p. a.

β) mit intentio incerta.

14. **Actio incerti ex stipulatu.** O. J. E. Quod A^{s} de N^{o} incertum stipulatus est, cuius rei dies fuit, quidquid ob eam rem N^{m} A^{o} dare facere oportet, eius iudex N^{m} A^{o} (dumtaxat H S X M?) c., s. n. p. a.

15. **Actio incerti ex testamento.** Quidquid p. N^{m} A^{o} ex testamento dare facere oportere, eius N^{m} A^{o} c. s. n. p. a.

16. **Actio depositi (commodati, pigneraticia) directa.** Quod A^{s} apud N^{m} mensam argenteam deposuit (N^{o} mensam argenteam commodavit; ob pecuniam debitam pignori dedit) q. d. r. a., quidquid ob eam rem N^{m} A^{o} dare facere oportet ex fide bona, eius iudex N^{m} A^{o} condemnato, s. n. p., absolvito.

17. **Actio contraria.** Quod N^{s} apud A^{m} mensam argenteam deposuit, q. d. r. a. (?), quidquid ob e. r. N^{m} A^{o} d. f. o. e. f. b., eius iudex N^{m} A^{o} condemnato, s. n. p., absolvito.

18. **Actio emti (venditi).** Quod A^s de N^o (N^o) hominem q. d. a. emit (vendidit), q. d. r. a., quidquid o. e. r. N^m A^o d. f. o. e. f. b., eius, iudex, N^m A^o c., s. n. p., absolve.

19. **Actio locati (conducti).** Quod A^s N^o (de N^o) fundum (opus faciendum, operas) q. d. a. locavit (conduxit), q. d. r. a., quidquid o. e. r. et rel.

20. **Actio negotiorum gestorum directa (contraria).** Quod N^s (A^s) negotia A^i (N^i) gessit, q. d. r. a., quidquid et rel.

21. **Actio tutelae directa (contraria).** Quod N^s A^i (A^s N^i) tutelam gessit, quidquid et rel.

22. **Actio mandati directa (contraria).** Quod A^s N^o (N^s A^o) mandavit, ut . . . ., quidquid ob eam rem N^m A^o (alterum alteri) dare facere oportet ex fide bona, eius, iudex N^m A^o (alterum alteri) c., s. n. p., a.

23. **Actio pro socio.** Quod A^s cum N^o societatem omnium bonorum coiit, quidquid o. e. r. N^m A^o (alterum alteri) dare facere (praestare?) oportet ex f. b., dumtaxat quod N^s facere potest, eius, iudex, N^m A^o c., s. n. p. a.

24. **Actio funeraria.** Quod A^s in funus L. Titii sumptum fecit, q. d. r. a., quantae pecuniae aequum tibi videbitur N^m ei eo nomine condemnari, tantam pecuniam, iudex, N^m A^o c., s. n. p. a.

25 **Actio de aestimato.** Quod A^s N^o mensam argenteam aestimatam vendendam dedit, q. d. r. a., quidquid et rel.

26. **Actio ad exhibendum.** Quod A^s Stichum hominem ex i. Q. suum esse ait, quidquid, ut eo nomine recte experiri possit, A^o exhiberi oportet, quod a N^o possidetur dolove malo eius factum est quominus possideretur neque arbitratu tuo A^o non exhibebitur, quanti ea res erit, tantam pecuniam, iudex N^m A^o c., s. n. p. a.

27. **Actio familiae erciscundae.** Quod Lucii Titii heredes de familia erciscunda deque eo, quod in ea hereditate ab eorum quo, postea quam heres factus sit, gestum admissumve sit, iudicem sibi dari postulaverunt,

quantum adiudicari oportet, iudex Titio adiudicato, quidquid o. e. r. alterum alteri praestare oportet ex f. b., eius, iudex, alterum alteri c., s. n. p. a.

28. Actio communi dividundo. Quod L. Titius C. Seius de communi [eorum?] dividundo et si quid in communi damni datum factumve sit sive quid eo nomine aut absit eorum cui aut ad eorum quem pervenerit, iudicem sibi dari postulaverunt: quantum . . . . adiudicari oportet, iudex . . . . adiudicato: quidquid ob eam rem alterum alteri praestare oportet ex fide bona, eius iudex, alterum alteri c., s. n. p. a.

γ) Actiones ex delicto.

29. Actio furti nec manifesti. S. p. A° a N° opeve consilio N^i furtum factum esse paterae aureae sestertium decem milium plurisve, qua de re agitur, quam ob rem N^m pro fure damnum decidere oportet, quanti ea res fuit, cum furtum factum est, tantae pecuniae duplum, iudex, N^m A° c., s. n. p. a.

30. Actio furti nec manifesti noxalis. S. p. A° a Sticho servo furtum factum esse paterae aureae . . ., qua de re agitur, quam ob rem N^m aut pro fure damnum decidere aut Stichum servum noxae dedere oportet, quanti ea res fuit cum furtum factum est, tantae pecuniae duplum, iudex N^m A° aut noxae dedere condemna, s. n. p. a.

31. Actio iniuriarum. L. S. T. recuperatores sunto. Quod a N° (?) A° pugno mala percussa est, q. d. r. a., quantam pecuniam vobis bonum aequum videbitur o. e. r. N^m A° condemnari, tantam pecuniam, dumtaxat H S X M, si non plus quam annus est, cum de ea re experiundi potestas fuit (exceptio annalis), recuperatores, N^m A° c., s. n. p. a.

32. Actio damni iniuria dati adversus infitiantem. S. p. N^m illum servum iniuria occidisse, q. o. r., quanti is servus in eo anno plurimi fuit, tantam pecuniam N^m A°

dare oportet, tantam pecuniam duplam, iudex, N^m A^o c., s. n. p. a. (?)

33. Actio de pauperie. S. p. quadrupedem pauperiem fecisse, qua de re agitur, q. o. r. N^m A^o aut noxiam sarcire aut in noxam dedere oportet, quanti ea res est, tantam pecuniam aut in noxam dedere, iudex N^m A^o c., s. n. p. a.

2. actiones ficticiae.

34. Actio furti nec manifesti adversus peregrinum. Si paret, consiliove Dionis Hermaei filii furtum factum esse paterae aureae, q. o. r. eum, si civis Romanus esset, pro fure damnum decidere oporteret, quanti et rel.

35. Condictio certi adversus capite deminutum. Si N^s capite deminutus non esset, tum si N^m A^o H S X M dare oporteret, iudex, N^m A^o H S X M c., s. n. p. a.

36. Actio in rem des bonorum possessor. Si A^s. L. Titio heres esset, tum si eum fundum, de quo agitur, ex iure Quiritium eius esse oporteret, si ea res arbitratu tuo A^o. non restituetur, quanti ea res erit et rel.

37. Actio in personam des bonorum possessor. Si A^s L. Titio heres esset, tum si pateret N^m A^o H S X M dare oportere, iudex, N^m A^o et rel.

38. Actio Publiciana. Si quem hominem . . . A^s emit et is ei traditus est, anno possedisset, tum si eum hominem q. d. a. eius ex iure Qu. esse oporteret, si ea res A^o arbitratu tuo non restituetur, quanti et rel.

39. Actio (Publiciana?) rescissoria. Si eum hominem q. d. a. N^s C diebus minore quam possedit tempore possedisset, tum si eum hominem ex iure Quiritium A^i esse oporteret: si non plus quam annus est, cum primum de ea re experiundi potestas fuit, neque is homo arbitrio tuo A^o restituetur, q. e. r. e., t. p. rel.

3. Actiones in factum conceptae.

40. Actio depositi (commodati). S. p. A^m apud N^m mensam argenteam, qua de agitur, deposuisse (A^m N^o m.

a. commodasse) eamque dolo malo N^{i} A^{o} redditam non esse, q. d. a., quanti ea res erit, tantam pecuniam et rel.

41. Actio pigneraticia. Si p. A^{m} N^{o} rem, qua de agitur, ob pecuniam debitam pignori dedisse eamque pecuniam solutam eove nomine satisfactum esse aut per N^{m} stetisse, quo minus solveretur, eamque rem A^{o} redditam non esse, quanti ea res erit, et rel.

42. Actio de pecunia constituta (recepticia). S. p. N^{m} A^{o} H S X M constituisse se soluturum eove nomine se satisfacturum esse, q. e. r. e., tantam p. et rel.

43. Actio de recepto. S. p. N^{m}, cum navem exerceret, A^{i} res q. d. a salvas fore recepisse neque restituisse, q. e. r. e., tantam p. et rel.

44. Actio iuris iurandi. S. p. N^{m} A^{o} deferente iurasse, N^{m} sibi sestertium X M dare oportere, N^{m} A^{o} H S X M c., s. n. p. a.

45. Actio fiduciae. S. p. A^{m} N^{o} fundum q. d. a. ob pecuniam debitam fiduciae causa mancipio dedisse eamque pecuniam solutam eove nomine satisfactum esse aut per N^{m} stetisse quominus solveretur eumque fundum redditum non esse negotiumve ita actum non esse, ut inter bonos bene agier oportet et sine fraudatione, q. e. r. e., tantam p. et rel.

46. Actio quasi Serviana (hypothecaria). S. p. inter A^{m} et Lucium Titium convenisse, ut ea res q. d. a. A^{o} pignori esset propter pecuniam debitam, eamque rem tunc, cum conveniebat, in bonis Lucii Titii fuisse eamque pecuniam neque solutam neque eo nomine satifactum esse neque per A^{m} stare quominus solvatur, nisi ea res arbitratu tuo restituetur, q. e r. e, tantam pecuniam, iudex N^{m} c., s. n. p. a.

47. Actio in factum adversus nautas caupones stabularios. S. p. in nave (caupona, stabulo), quam (quod) N^{s} tum exercebat, N^{m} eumve, quem N^{s} eius navis navigandae (eius cauponae exercendae, eius stabuli exercendi) causa ibi tum habuit (qui habitandi causa ibi tum fuit), A^{o} damnum iniuria dedisse, q. d. r. a., quanti ea res in eo anno plurimi (in diebus triginta proximis) fuit, tantam pecuniam duplam, iudex, N^{m} A^{o} c., s. n. p. a.

48. Actio redhibitoria. Si quem hominem A^{s} de N^{o} emit, eum paret adversus quod dictum promissumve fuit, cum veniret fuisse, quod eius praestari oportet, neque plus quam VI menses sunt, cum de ea re experiundi potestas fuit, tum si arbitratu tuo is homo N^{o} redhibebitur, quodque ex eo post venditionem adquisitum est quodque in venditione ei accessit sive quid ex ea re fructus pervenit ad A^{m} sive quid post venditionem traditionemque deterior A^{i} opera familiae procuratorisve eius factus est, ea omnia N^{o} restituentur, et quanta pecunia pro eo homine soluta accessionisve nomine data erit, non reddetur, cuiusve pecuniae quis eo nomine obligatus erit, non liberabitur, quanti ea res erit, tantam pecuniam duplam, quod si reddetur liberabiturve, dumtaxat simplam N^{m} A^{o} c., s. n. p. a.

49. Actio patroni a liberto in ius vocati. L. S. T. recuper. sunto. S. p. A^{m} patronum a N^{o} liberto contra edictum illius praetoris in ius vocatum esse, recuperatores, N^{m} A^{o} H S. X M. c., s. n. p. a.

50. Actio quod metus causa (doli). S. p. metus c. A^{m} fundum q. d. a. N^{o} (Lucio Titio) mancipio dedisse (dolo malo N^{i} factum esse, ut A^{s} N^{o} [Lucio Titio] fundum q. d. a. m^{o} daret) neque plus quam annus est, cum experiundi potestas fuit, neque ea res arbitrio tuo restituetur, quanti ea res erit, tantae pecuniae quadruplum, iudex, N^{m} A^{o} c., s. n. p. a.

4. **Actiones adiecticiae qualitatis** (mit Subjektsumstellung).

51. Actio institoria (exercitoria, tributoria). Quod A^{s} de Lucio Titio, cum is a N^{o} tabernae instructae (navi) praepositus esset, decem pondo olei vendidit, cui rei Lucius Titius a N^{o} ibi praepositus erat, quidquid o. e. r. **Lucium Titium** A^{o} dare f. o. e. f. b., eius iudex **Numerium Negidium** A^{o} c., s. n. p. a. (quanto minus eo nomine dolo malo N^i A^o tributum est, quam ex edicto meo A^o tribui debuit, tantam pec. et rel.).

52. **Actio quod iussu.** Quod iussu N^i A^s Gaio, cum is in potestate N^i esset, togam vendidit, quidquid o. e. r. **Gaium** filium A^o d. f. o. ex fide bona, eius **Numerium Negidium** patrem A^o c., s. n. p. a.

53. **Actio de peculio et de in rem verso.** Quod A^s apud Stichum, qui in potestate N^i est, mensam argenteam deposuit, q. d. r. a., quidquid o. e. r. **Stichum,** si liber esset ex i. Q., A^o d. f. oporteret e. f. b. eius, iudex **Numerium Negidium** A^o dumtaxat de peculio et si quid dolo malo N^i factum est, quominus peculii esset, vel si quid in rem N^i inde versum est, c., s. n. p. a.

5. Actiones interrogatoriae.

54. Ea res agatur si N^s L. Titio ex maiore parte quam ex semisse heres est. Si N^s L. Titio heres ex asse esset, tum si N^m A^o H S X M. dare oporteret, iudex N^m (si in iure interrogatus, quota ex parte heres esset, respondit se ex semisse heredem esse) A^o rel.

II. Einzelne Bestandteile der Formeln.

1. **Intentio:** Arten siehe zu I. — in ius I. 1. — in factum I. 3. — in doppelter Gestalt oben No. 16 und Nr. 40 — ficticia I. 2. — in rem I. 1a. — in personam certa (si paret) I. 1. c α — incerta (quidquid paret) I. 1. c β.

2. **Demonstratio:** bei intentio incerta zur Bezeichnung des Rechtsverhältnisses siehe I. 1. c β.

3. **Condemnatio:** si paret condemna, si non paret absolve

a) **certa.** Beispiel: Condictio certae creditae pecuniae „Si paret Negidium Agerio decem milia dare oportere, iudex Negidium Agerio decem milia condemna, si non paret absolve."

Auch bei intentio in factum concepta möglich. Beispiel: „Si paret illum patronum ab illo liberto contra edictum illius praetoris in ius vocatum esse, recuperatores illum libertum illi patrono decem milia condemnate, si non paret, absolvite."

b) **incerta** (et infinita). Auch bei intentio certa möglich. Beispiel: Condictio de alia certa re: Si paret Negidium Agerio tritici Africani optimi centum modios dare oportere, quanti ea res est, tantam pecuniam Negidium Agerio condemna, si si non paret absolve.

Bei intentio incerta. Beispiel: Actio emti: Quod Agerius de Negidio hominem emit, quidquid ob eam rem Negidium Agerio dare facere oportet ex fide bona, eius, iudex, Negidium Agerio condemna, si non paret absolve.

c) **cum taxatione** (c. finita). Begrenzung der Summe: „iudex Negidium Agerio dumtaxat sestertium decem milia condemna, si non paret, absolve.

Auch durch Hinweis auf ein bestimmtes Verhältnis wie „dumtaxat de peculio" oder „dumtaxat quod in rem Numerii versum est" oder „dumtaxat quanto locupletior factus est" oder „dumtaxat quantum facere potest."

d) **bei actiones arbitrariae.** Sog. **Arbitrarclausel**: „nisi eam rem arbitratu tuo restituet."

Stellung vor der condemnatio: Beispiel: Vindicatio: „si paret illam rem ex iure Quiritium A. Agerii esse, nisi Negidius eam rem arbitratu tuo restituet, quanti ea res erit, Negidium Agerio condemna, si non paret absolve."

Stellung in der condemnatio: Beispiel: actio depositi in ius concepta: „Quod Agerius mensam argenteam apud Negidium deposuit, quidquid ob eam rem Negidium Agerio dare facere oportet ex fide bona, eius, iudex, Negidium Agerio condemna nisi restituat, si non paret absolve."

e) **Condemnatio mit umgestellten Personen. Actiones adiecticiae qualitatis**: Beispiele oben I. 4.

Actio quod iussu: „Quod iussu Numerii **Aulus Titio,** cum in potestate Numerii esset, togam vendidit, quidquid ob eam rem **Titium filium Aulo** dare facere oportet ex fide bona, eius iudex **Numerium patrem Aulo** condemna, si non paret absolve."

Ebenso **bei Vertretung:**

Si paret Numerium Mevio sestertium decem milia dare oportere, iudex Numerio Titio (procuratori) sestertium decem milia condemna.

Oder zur Vermeidung der Fictio, so statt Nr. 37: Si paret N^m^ Titio H S decem dare oportere, iudex N^m^ A^o^ condemna, s. n. p. a.

f) **Adiudicatio:** siehe die actiones divisoriae l. 1. c β Nr. 27, 28.

4. Praescriptiones.

a) **Pro actore.**

α) als Zusatz zur demonstratio: Beispiele:

„Ea res agatur de fundo mancipando. Quod Aulus de Numerio fundum Cornelianum emit, quidquid Numerius Aulo ob eam rem dare facere oportet ex fide bona, eius iudex Numerium Aulo condemna, si non paret absolve."

„Ea res agatur cuius rei dies fuit. Quod Aulus de Numerio incertum stipulatus est, quidquid et rel."

β) als Ersatz der demonstratio, vor allem bei den actiones praescriptis verbis, Beispiel:

„Ea res agatur quod Aulus Numerio centum ea lege dedit ut Stichum servum suum manumitteret, quidquid paret ob eam rem Numerium dare facere oportere et rel."

b) **Pro reo.** Beispiel:

„Ea res agatur, quod in ea re praeiudicium hereditati non fiat."

5. Compensatio. „Si paret Numerium Aulo decem milia dare oportere amplius quam Aulus Numerio debet."

6. **Deductio.** „Si paret Numerium Titio decem dare oportere, tantam pecuniam iudex deducto eo, quod invicem Titius Numerio debet, Numerium Aulo (bonorum emtor) condemna."

7. **Exceptio**, siehe III.

Fassung. Ursprünglich Ausnahme von der Condemnatio „extra quam si quid ita factum sit, uti de lege fieri licuit".

Später negative Bedingung der condemnatio:

„**si non** ea res vendita ac tradita est"

„**ac si non** ea causa sint tabulae testamenti ut contra eas bonorum possessio dari possit."

Auch affirmative Fassung:

„si res, quam emerit, tradita est" statt „si non ea res — tradita non est".

8. **Replicatio.**

Exceptio „si non convenit, ne ea pecunia peteretur". Replicatio „si non postea convenit, ut Aulo eam pecuniam petere liceret".

Bei Verkauf in der Auktion: Exceptio „si ei res quam emerit, tradita est". Replicatio „aut si praedictum est, ne aliter emptori res traderetur, quam si pretium emptor solverit".

III. Exceptiones.

1. **iuris iurandi.** si non N^s A^o deferente iuravit, rem d. q. a. A^i non esse (se A^o dare non oportere).

2. **pacti.** si inter A^m e. N^m non convenit, ne ea pecunia (intra quinquennium) peteretur.

3. **mercis non traditae.** si ea pecunia, q. d. a., non pro ea re petitur, quae venit neque tradita est.

4. **rei vendit. et tradit.** si non A^s fundum, q. d. a., N^o vendidit et tradidit.

5. si in ea re nihil **contra legem** (Cinciam, Plaetoriam) **senatusvecons.** factum est.

6. si in ea re nihil **dolo malo** A^i factum sit neque fiat (**metus causa** factum sit).

7. **temporis (annalis).** si non plus quam annus est, cum experiundi potestas fuit.

8. si ea res, q. d. a., **iudicata non est inve iudicium deducta non** est inter A^m et N^m.

9. **procuratoria (tutoria).** si A^s Lucii Titii procurator (tutor, curator) est.

10. quod praejudicium hereditati (fundo partive eius) non fiat.

IV. Interdicta.

1. **Uti** nunc **possidetis** eum fundum q. d. a. quod nec vi nec clam nec precario alter ab altero possidetis, ita possideatis, adversus ea vim fieri veto.

2. **Utrubi** hic homo q. d. a. maiore parte huiusce anni nec v. n. c. n. p. ab altero fuit, quominus is eum ducat v. f. v.

3. Quo **itinere actuque** q. d. a. hoc anno nec v. n. c. n. p. ab illo usus es, quominus ita utaris v. f. v.

4. Uti ex lege locationis sive conductionis **superficie** q. d. a. nec vi n. c. n. p. alter ab altero fruimini, quominus ita fruamini, v. f. v.

5. Quem in locum **nuntiatum** est, ne quid **operis novi** fieret, q. d. r. a., si de ea re satisdatum est, quod eius cautum sit, aut per te stat, quominus satisdetur: quominus illi in eo loco opus facere liceat, v. f. v.

6. Quominus illi in **flumine publico** ripave eius opus facere ripae agrive qui circa ripam est tuendi causa liceat, dum ne ob id navigatio deterior fiat, si tibi damni infecti in annos decem viri boni arbitratu [vel cautum vel] satisdatum est aut per illum non stat, quominus viri boni arbitratu [caveatur vel] satisdetur, v. f. v.

7. **Unde** in hoc anno tu illum **vi** deiecisti aut familia tua deiecit, cum ille possideret, quod nec vi nec clam nec precario a te possideret, eo illum quaeque ille tunc ibi habuit restituas.

8. **Quod vi aut clam** factum est, q. d. r. a., id, si non plus quam annus est, cum experiundi potestas est, restituas.

9. Quod **precario** ab illo habes aut dolo malo fecisti, ut decineres habere, q. d. r. a., id illi restituas.

10. (Interdictum fraudatorium.) Quae Lucius Titius **fraudandi** causa sciente te in bonis, q. d. a., fecit, ea illis, quos eo nomine, q. d. a., actio ei ex edicto meo in possessionem ire esseve oportet, si non plus quam annus est, cum de ea re, q. d. a., experiundi potestas est, restituas. [Interdum causa cognita et si scientia non sit, interdicam sponsionemque restipulationemque facere permittam.]

11. **Quorum bonorum** ex edicto meo illi possessio data est, quod de his bonis pro herede aut pro possessore possides possideresve, si nihil usucaptum esset, quodque dolo malo fecisti, uti desineres possidere, id illi restituas.

12. Quas **tabulas** Lucius Titius ad causam testamenti sui pertinentes reliquisse dicetur, si hae penes te sunt aut dolo malo tuo factum est, ut desinerent esse, ita eas illi exhibeas. [Item si libellus aliudque quid reliquum esse dicetur, decreto comprehendam.]

13. Quem **liberum** dolo malo retines, **exhibeas.**

V. Stipulationes praetoriae.

1. pro praede litis et vindiciarum.

Si ea res q. d. a. a centumviris secundum me heredemve meum iudicata erit neque ea res boni viri arbitratu restituetur et, si quid deinde deperierit, deminutum erit, damnum, quod ob eam rem te heredemve tuum mihi heredive meo decidere oportet, uti e lege oportet, decidetur, sive ea res a te herede cognitore procuratore sponsoribus tuis adversus me heredem cognitorem procuratorem meum boni viri arbitratu defensa non erit, cuive rei dolus malus non abest non afuerit, quanti ea res erit, tantam pecuniam dari spondes? spondeo.

2. **iudicatum solvi.** [Qua de re ego tecum acturus sum(?)] quantam pecuniam ob eam rem iudicatus eris, tantam pecuniam dari eamque rem boni viri arbitratu defendi, quod si ita non defendetur, quanti ea res erit, tantam pecuniam dari dolumque malum huic rei abesse afuturumque esse spondesne? spondeo.

3. **usufructuaria.** Cuius rei ususfructus testamento Lucii Titii tibi legatus est, ea re boni viri arbitratu usurum fruiturum te et, cum ususfructus ad te pertinere desinet, id quod inde extabit restitutum iri dolumque malum abesse afuturumque esse spondesne? spondeo.

4. **legatorum servandorum causa.** Quidquid mihi heredive meo legatorum nomine ex testamento Lucii Titii dari fieri oportet oportebit, id, quibus diebus Lucius Titius dari fieri voluit, his diebus dari fieri dolumque malum abesse afuturumque esse spondesne? spondeo.

5. **rem pupilli salvam fore.** Quidquid, quod tu tutelam meam gesseris, te mihi dare facere oportebit ex fide bona, ob id rem meam salvam fore spondesne? spondeo.

6. **ratam rem haberi.** Quo nomine mecum acturus es, eo nomine amplius non esse petiturum eum, cuius de ea re actio petitio persecutio est erit, ratamque rem habiturum esse Lucium Titium heredemve eius eumve ad quem ea res pertinebit dolumque malum huic rei abesse afuturumque esse, quod si ita factum non erit sive quid adversus ea factum erit, quanti ea res erit, tantam pecuniam dari spondesne? spondeo.

7. **ex operis novi nuntiatione.** Quem in locum nuntiatum est, ne quid operis novi fieret, quod in eo loco intra annum ex quo nuntiatum est a te heredeve tuo opus novum factum erit id si ea res secundum me iudicata erit, sive ea res boni viri arbitratu non defendetur, restitui boni viri arbitratu, quod si ita restitutum non erit, quanti ea res erit, tantam pecuniam dari

dolumque malum huic rei abesse afuturumque esse spondesne? spondeo.

8. **damni infecti.** Quod aedium loci operisve, q. d. a., vitio, si quid ibi ruet scindetur fodietur aedificabitur, in aedibus meis intra . . . damnum factum erit, quanti ea res erit, tantam pecuniam dari dolumque malum abesse afuturumque esse spondesne? spondeo.

VI. Datio cognitoris.

1. Quod ego a te fundum peto, in eam rem L. Titium tibi cognitorem do. — Quia tu a me fundum petis, in eam rem tibi P. Mevium cognitorem do.

2. Quod ego tecum agere volo, in eam rem et rel. Quia tu mecum agere vis, in et rel.

Druck von A. W. Hayn's Erben (Curt Gerber) in Potsdam.

A. W. Hayn's Erben (Curt Gerber), Potsdam.

MIX
Papier | Fördert gute Waldnutzung
FSC® C083411

Kolibri 360 GmbH
Ferdinand-Jühlke-Straße 7
99095 Erfurt, Deutschland
produktsicherheit@kolibri360.de